ANALIZA KSIĄŻKI

AF142062

W drodze

· · · · · · · · · · · · · ·

Jack Kerouac

ANALIZA KSIĄŻKI

Napisany przez Maël Tailler
Przetłumaczony przez Kâmil Kowalski

W drodze

· ·

Jack Kerouac

JACK KEROUAC

AMERYKAŃSKI PISARZ

- **Urodził się w Lowell, Massachussetts w 1922 roku.**
- **Zmarł w St. Petersburgu na Florydzie w 1969 roku**
- **Godne uwagi prace:**
  - *W drodze* (1957), powieść
  - *Mexico City Blues* (1959), wiersz
  - *Anioły spustoszenia* (1965), powieść

Jack Kerouac urodził się w Lowell w stanie Massachusetts w 1922 roku. Urodzony w skromnej rodzinie francuskojęzycznych Kanadyjczyków Jean-Louis Kerouac (jego nazwisko rodowe) stał się jednym z największych pisarzy pokolenia Beat, obok Williama Burroughsa i Allena Ginsberga.

Jego powieści (*The Dharma Bums*, 1958; *Lonesome Traveller*, 1960; *Big Sur*, 1962) opowiadają o jego podróżach po Stanach Zjednoczonych i krytykują amerykański styl życia. Źle przystosowany do dusznych konwenansów społecznych swoich czasów Kerouac szukał ratunku w alkoholu, narkotykach, duchowości (buddyzm) i podróżach. Mentor amerykańskiej młodzieży w latach sześćdziesiątych, Kerouac zmarł w 1969 roku z powodu problemów związanych z jego alkoholizmem.

W DRODZE

UTRAPIENIA DWÓCH NONKONFORMISTÓW

- **Gatunek**: powieść autobiograficzna
- **Wydanie referencyjne:** Kerouac, J. (2003) *On the Road*. New York: Penguin Books.
- **Pierwsze wydanie**: 1957
- **Tematyka**: podróż, społeczeństwo amerykańskie, wolność, margines, ucieczka

W drodze (1957) opowiada o perypetiach Deana Moriarty'ego (Neal Cassady) i Sala Paradise'a (sam Kerouac), dwóch młodych hedonistycznych kontrarian, w purytańskiej Ameryce końca lat czterdziestych. Podróżując po kraju autostopem, autobusem i samochodem, wyruszają w rozmyte, gorączkowe i egzystencjalne poszukiwania, które bywają tajemnicze.

Ta autobiograficzna powieść, kilkakrotnie przerabiana przed wydaniem, przyniosła autorowi ogromny sukces i jest uważana za jedno z najbardziej reprezentatywnych dzieł pokolenia Beat.

STRESZCZENIE

POCZĄTEK DŁUGIEJ PODRÓŻY

Sal Paradise, żywiołowy młody student college'u i praktykant pisarski, który mieszka z ciotką w New Jersey, marzy o podróżach. Poznaje dziwną postać pochodzącą z Zachodu, Deana Moriarty'ego. Obaj mężczyźni przemierzają bary Nowego Jorku filozofując i planują ponowne spotkanie w Denver.

W lipcu 1947 roku, mając w kieszeni tylko 50 dolarów, Sal wyrusza w podróż, aby uciec od szarości miasta i wszystkich jego konformizmów. Szuka swobodniejszego życia, które w mniejszym stopniu podlega społecznym kajdanom. Pierwsza podróż kończy się niepowodzeniem, ale następnego dnia wyrusza ponownie, zdecydowany na przystanek w Denver, gdzie czeka na niego przyjaciel. Przejeżdża przez Chicago, gdzie grający w barach bebop (nurt muzyczny zrodzony w latach czterdziestych) porywa go. Na przemian podróżuje autostopem z kierowcami, kowbojami, wędrownymi robotnikami i farmerami.

W Denver Sal zatrzymuje się ze swoim przyjacielem Chadem w wytwornym mieszkaniu rodziców jego przyjaciela Tima Graya.

Jego przyjaciel Carlo Marx, bezczelny student college'u, dzwoni do Sala i zaprasza go do siebie. W piwnicy Sal znajduje Deana i Carlo zajętych swoim nowym hobby: "próbą przekazania z absolutną szczerością i absolutną kompletnością" wszystkiego, co przechodzi im przez głowę, z pomocą

Benzedryny (rodzaj amfetaminy, część 2, rozdział 7). Trio i kilku przyjaciół spędza wieczory na imprezach i rozmowach.

Po wycieczce do starego górniczego miasta Central City, Sal postanawia opuścić ten region w towarzystwie Rity Betencourt, "prostej i prawdziwej" dziewczyny, z którą miał krótki romans (część 1, rozdział 10), i udać się do San Francisco.

KALIFORNIA, WIRGINIA I NOWY JORK

Sal odnajduje swojego przyjaciela Remiego Boncoeur, który mieszka i pracuje na przedmieściach San Francisco jako "strażnik specjalny" (część 1, rozdział 11). Bezczynność Sala, który spędza dni "pijąc kawę i bazgrząc" scenariusze dla Hollywood, jest źle widziana przez dziewczynę Remiego. Jest więc zmuszony do pracy z przyjacielem. Kiedy jednak powinni monitorować baraki odwiedzane przez przechodzących marynarzy, woli z nimi pić, opuszczając swoje stanowiska. Atmosfera u Remiego pogarsza się i Sal postanawia odejść w ten sam sposób, w jaki przyszedł: w nocy i przez okno.

W autobusie zmierzającym do Los Angeles Sal zakochuje się w pięknej Meksykance Terry. Spędzają razem dwa tygodnie. Bezskutecznie próbują znaleźć pracę w Hollywood, wędrują razem po drogach i motelach, zatrzymują się też na jakiś czas w Sabinal u rodziny Terry.

Sal znajduje pracę jako zbieracz bawełny i wydaje się, że osiągnął równowagę. Ale po tym, jak kochają się po raz ostatni, on i Terry opuszczają się bez większego żalu. Sal wraca do swojej podróży. Dołącza na chwilę do fascynującego włóczęgi ("the Ghost of Susquehanna", część 1, rozdział 14), zastanawiając się nad mroczną dzikością Wschodu w całej historii, zanim wróci do domu ciotki.

Dean, który właśnie zostawił żonę, córkę i pracę dla kaprysu, dołącza do Sal w domu jego brata w Virginii. Dean jest przekonanym hedonistą (poszukiwaczem przyjemności), który jednocześnie szuka większej wolności. Kupił samochód, wrócił do swojej byłej dziewczyny, Marylou, i teraz podróżuje po kraju z nią i Edem Dunkel, przyjacielem z dzieciństwa, który również ucieka od swojej żony. Wesoła grupa pomaga bratu Sala w przeprowadzce, po czym wraca do Nowego Jorku.

Po krótkim pobycie przeplatanym piciem na umór, koncertami jazzowymi i ekscesami, wyjeżdżają do Nowego Orleanu, gdzie spotykają Old Bull Lee, wykształconego mistyka, którego jednak pokonuje uzależnienie od heroiny. Po kilku nocach rozpusty daje im do zrozumienia, że nie mogą zostać. Dean, Marylou i Sal ponownie wyruszają w drogę.

Podróżując z pełną prędkością przez Teksas, a następnie Kalifornię, Dean opowiada o swoim trudnym dzieciństwie z ojcem alkoholikiem, którego – jak sądzi – może rozpoznać w każdym włóczędze. W San Francisco, gdy skończyły im się pieniądze, Dean nagle postanawia je porzucić, by dołączyć do swojej żony, Camille.

Sal i Marylou pozostają razem przez jakiś czas, zanim ona również odejdzie. Sal, zgorzkniały i głodny, znajduje Camille i Deana, który stał się sprzedawcą szybkowarów. Razem, biorą piękny spacer, a następnie oddzielenie, myśląc, że nigdy nie zobaczy się ponownie.

KOLORADO, ILLINOIS I NOWY JORK

Wiosną 1949 roku Sal wraca do Denver, ale jest tam samotny i przygnębiony. Jest niczym więcej niż "rozczarowanym białym człowiekiem" (część 3, rozdział 1). Wraca do San Francisco, gdzie Dean nie sprawdza się w roli ojca: pali "herbatę", czyli marihuanę, do tego stopnia, że popada w obłęd i wciąż jest rozdarty między Camille (z którą nieustannie się kłóci) a Marylou (którą prosi, by go zastrzeliła). "Dwaj zepsuci bohaterowie zachodniej nocy" (część 3, rozdział 3) planują wyjazd do Włoch z pieniędzmi, które Sal zarobił na wydaniu swojej książki. Niestety, ich marzenie nie spełnia się. Po kilku wieczorach spędzonych z dawnymi przyjaciółmi, oboje wyjeżdżają do Nowego Jorku.

Pozostawieni w Denver przez parę, która nie może ich dłużej znieść, kłócą się i Dean zalewa się łzami. Obaj mężczyźni, wyczerpani, robią dwa przystanki.

Udają się do biura turystycznego z kradzionym samochodem i zgadzają się zabrać Cadillaca pełnego studentów college'u do Chicago. Dean prowadzi jak szalony, nie śpiąc i nie oddając kierownicy, i błyskawicznie (po postoju na ranczu, zjechaniu z drogi i wycieczce na posterunek policji) docierają do celu.

Po podrzuceniu studentów Dean i Sal spędzają noc w barach w Chicago, pijąc i tańcząc. Rano zwracają Cadillaca w kiepskim stanie. Następnie jadą dalej aż do Detroit, spędzają noc w kinie i autostopem docierają do Nowego Jorku. Dean poznaje Inez, "seksowną brunetkę" (część 3, rozdział 11), z którą zachodzi w ciążę i która przez telefon próbuje załatwić jego rozwód z Camille, która właśnie urodziła.

W Nowym Jorku Dean prowadzi proste i uporządkowane życie: mieszka z Inez i pracuje na parkingu. Pewnej nocy, zastanawiając się nad przeznaczeniem, prędkością i upływem czasu, Dean stwierdza, że mogą w końcu "zajrzeć do puszek" (część 4, rozdział 1) i że może to być prawdziwa wolność. Sal wyrusza samotnie do Denver, gdzie spotyka kilku przyjaciół, w tym Tima Graya, Eda Dunkela i Stana Sheparda. Po świątecznym tygodniu, w którym stara grupa wydaje się być z powrotem razem, Stan, Sal i Dean decydują się wyruszyć na południe w kierunku Meksyku.

MEKSYK I NOWY JORK

Mimo ubogiej i zmęczonej wsi Meksyk spełnia ich oczekiwania. W Gregorii spotykają Victora, który zaprasza ich do swojego domu, daje im "herbatę", a następnie zabiera do domu publicznego. Trzej mężczyźni niechętnie opuszczają miasto i kontynuują podróż. W końcu docierają do Meksyku, dzikiego i fascynującego miasta. Jednak niedługo potem Sal choruje. Kiedy się budzi, Stan odszedł, a Dean ma zamiar zrobić to samo.

Sal jakimś cudem wraca jesienią do Nowego Jorku. Tam poznaje dziewczynę o imieniu Laura. Tymczasem Dean ożenił się z Inez, ale opuścił ją jeszcze tej samej nocy, by dołączyć do Camille w San Francisco.

Pewnego dnia, w drodze do domu, Sal znajduje Deana, który wydaje się być zniszczony i pokonany. Chwilę później Remi Boncoeur (teraz "gruby i smutny" mieszczanin, część 5) zaprasza Sal i Laurę na koncert Duke'a Ellingtona, ale odmawia zaproszenia Deana. Zostawiają go więc smutnego i samotnego na rogu ulicy. Później Sal medytuje na doku w New Jersey: wspomina swoje podróże i daje szczególną myśl Deanowi Moriarty (którego nigdy nie widział) i jego ojcu (którego nigdy nie znaleźli).

STUDIUM POSTACI

SAL PARADISE (NARRATOR)

Za tym pseudonimem ukrywa się autor w tej autobiograficznej powieści. Sal to także skrót od Salvatore ("wybawca" po włosku), a Raj odnosi się do idealizmu bohatera, gdy wyjeżdża na Zachód (i Południe) w poszukiwaniu swobodniejszego życia (raju utraconego jego pokolenia).

Ten czeladnik pisarski (chętnie cytujący Dostojewskiego, Londona, Steinbecka i Céline'a) wyrusza w drogę w towarzystwie Deana, by uciec od nudy i konformizmu, które widzi w Nowym Jorku (mieszka u ciotki w New Jersey). Podobnie jak Dean, jest poszukiwaczem przygód i bon vivantem, który uwielbia noc, podróże, imprezy i poznawanie nowych ludzi, ale pozostaje stale pod wpływem ekscesów przyjaciela (o czym świadczy na przykład jego nieśmiałość podczas kontaktów seksualnych z Marylou, czy stosunkowo bezpieczna jazda samochodem). Pasywny i zdominowany, chętnie pozwala się prowadzić Deanowi, ale wciąż zachowuje swoją krytyczną postawę.

DEAN MORIARTY

Postać ta (bezpośrednio inspirowana przyjacielem Kerouaca, Nealem Cassadym) tworzy wraz z Salem Paradise (sobowtórem autora) główny duet w W drodze.

Dean, ze swoimi długimi bokobrodami (część 1, rozdział 1), systematycznie poplamionymi lub podartymi ubraniami i niechlujnym wyglądem, uosabia złego chłopca. Miał trudne dzieciństwo z ojcem alkoholikiem, potem w zakładzie popraw- czym. Jest marginalistą ze skłonnością do picia i narkotyków, ale tak naprawdę nie jest groźny ani brutalny.

Sal uważa go za mentora. Jest hedonistą, a także nonkonfor- mistą i niezachwianym optymistą (jego motto to "Tak! Tak! Tak"). Ciągle szuka nowych przygód i wolności. Jest też nie- wiernym mężem i nieodpowiedzialnym ojcem. Wyzbyty przez większość przyjaciół, skończy nieszczęśliwy i samotny. Jednak powieść (i w ogóle twórczość Kerouaca) nieustannie celebruje ten rodzaj marginalności jako wyższy stopień wolności. Dean uosabia, bardziej niż szaleństwo czy ekscentryczność, pewną świętość.

CARLO MARX

Jego nazwisko nawiązuje bezpośrednio do Karola Marksa, dając ukłon w stronę politycznych przekonań Allena Ginsberga (amerykański poeta i przyjaciel Kerouaca, 1926-1997), ale przypomina też braci Marx. Bezczelny student college'u, poświęca się poezji i filozofii. Pozostaje cichszy i oddalony od głównego duetu.

👁 DOBRZE WIEDZIEĆ: POSTACIE À CLEF

Mówimy o "roman à clef" ("powieść z kluczem") i postacie à clef, kiedy, jak w "W *drodze", bohaterowie* odnoszą się do prawdziwych ludzi, mniej lub bardziej wyraźnie.

Karol Marks był niemieckim filozofem, ekonomistą i pisa- rzem (1818-1883). Wraz z Fryderykiem Engelsem opracował Teorię Rewolucyjnego Socjalizmu Proletariackiego i napisał

Manifest Komunistyczny. Krytykował kapitalizm i przewidywał jego upadek. Dziś mówimy o marksizmie na określenie nurtu, który podążał za ideami tego polityka.

Bracia Marx: byli to amerykańscy aktorzy komiczni, którzy grali dla kina, telewizji i teatru do lat 50-tych. Groucho, Harpo, Chico, Gummo i Zeppo byli w rzeczywistości braćmi.

OLD BULL LEE (WILLIAM BURROUGHS)

Ten marginalny akademik, wyznawca wszelkich używek, prowadzi rozwiązłe i pełne kontrastów życie (ożenił się z jugosłowiańską hrabiną, był tępicielem w Chicago itd.), zanim przeszedł na emeryturę ze swoją dziewczyną (Jane) w Nowym Orleanie.

Staje się mistykiem i uzależnionym od heroiny, odtąd poszukuje wiedzy poprzez narkotyki. Jego ambiwalentne imię jest jednocześnie nawiązaniem do fikcyjnego wodza Indian i zaciekłego przeciwnika waszyngtońskiej biurokracji w czasie amerykańskiej wojny domowej (konflikt o kwestię czarną, w latach 1861-1865), generała Lee.

REMI BONCOEUR

Remi Boncoeur (którego prawdziwe nazwisko brzmi Henri Cru) to przyjaciel Sal z dzieciństwa, który zamieszkał w San Francisco. Jego trajektoria odzwierciedla trajektorię wielu innych postaci w książce: jest bon vivantem szukającym przygód, by szybko się "ustatkować". Żeni się z Ann Lee (która ma "zły język" i pochodzi "z małego miasteczka w Oregonie", część 1, rozdział 11), po czym porzuca swoje burzliwe życie i staje się "grubym i smutnym" mieszczuchem (część 5).

KOBIETY

Sal i Dean podczas swojej podróży poznają wiele kobiet. Jest to również jeden z powodów, dla których decydują się wyruszyć w podróż. Kobiety, choć powracające, odgrywają jednak rolę drugoplanową, która często jest przedstawiana (przez narratora) jako negatywna. Na przykład Camille, Marylou i Inez bezskutecznie próbują unormować Deana, a Sal nie może się powstrzymać od postrzegania ich jako przeszkód w jego przygodzie.

Sal ma kilka romansów (Terry, młoda Meksykanka, Babe Rawlins, "lalka z Zachodu", Rita, "prosta i prawdziwa" dziewczyna (część 1, rozdział 10), Marylou, Laura itd.), ale systematycznie odmawia jakichkolwiek trwałych związków. Są one na ogół traktowane (z punktu widzenia samoświadomego macho) jako obiekty pożądania, a nie jako interesujący rozmówcy. Stanowią jednak istotny element stylu życia, na który powołują się Sal i Dean.

ANALIZA

POKOLENIE BEAT, KONTRKULTURA I SPOŁECZEŃSTWO AMERYKAŃSKIE

Pokolenie Beat

Termin "beat" odnosi się do niepokoju młodego amerykańskiego pokolenia po II wojnie światowej. Odnosi się również do rytmu i pulsu, gdyż "beatowcy" byli wielkimi fanami jazzu.

Beat Generation odnosi się zatem do ruchu literackiego i kulturalnego, który rozwinął się w Stanach Zjednoczonych w latach pięćdziesiątych i sześćdziesiątych. Jego główni członkowie (Kerouac, Burroughs, Ginsberg) pokazali swoje odrzucenie społeczeństwa przemysłowego i McCarthy'ego, któremu przeciwstawiali się poprzez duchowość (buddyzm zen), podróże i doświadczenia związane z narkotykami. Wywarli głęboki wpływ na kulturę XX wieku.

 DOBRZE WIEDZIEĆ: MCCARTHYISM

McCarthyism (nazwany na cześć senatora USA Josepha McCarthy'ego, 1908-1957) wskazuje na polityczne prześladowanie i spychanie na margines każdej osoby podejrzanej o bycie komunistą w Ameryce w latach pięćdziesiątych. Wdrożony w klimacie psychozy, w kontekście zimnej wojny (1945-1990), stał się prawdziwym "polowaniem na czarownice".

Krytyka społeczeństwa

W swojej powieści Kerouac uprawia nieustanną krytykę amerykańskiego społeczeństwa powojennego. Nie jest to systematyczny wywód, ale rozproszone portrety, opisy i refleksje w miarę napotykania nowych miast, sytuacji i ludzi. Sal i Dean podkreślają:

- Głupota i arogancja policji, a także granice i niebezpieczeństwa militaryzmu (powieść mianowicie przywołuje wynalazek bomby wodorowej, część 4, rozdział 6);

- Iluzja szczęścia i dobrobytu cywilizacyjnego oraz poczucie przynależności do "nakręcanego pokolenia";

- Purytanizm, głupi konformizm i samozadowolenie klasy średniej ("absurdalne urządzenia, na które upadła, by zachować swoją dumną tradycję", część 1, rozdział 4), kolegiów i mieszczan;

- Nuda właściwa dla indywidualistycznego, materialistycznego, hiperbezpiecznego, znormalizowanego i pozbawionego sensu sposobu życia;

- Chłód i negatywizm intelektualistów ze Wschodniego Wybrzeża;

- Rasizm wobec czarnych (często zdegradowanych do niższych funkcji) i Meksykanów, a także narastający McCarthyizm;

- Okrutne nierówności, które brutalnie objawiają się w dużych miastach.

Kontrkultura

Kerouac, stosunkowo rozczarowany w stosunku do historii i ewolucji społeczeństwa, broni raczej mniejszych utopii niż antykonformistycznego sposobu życia i myślenia. Ten styl życia charakteryzuje się:

- Absolutny głód wolności, który czasem urasta do ignorowania prawa (przekraczanie prędkości, jazda po pijanemu, kradzieże samochodów, zażywanie narkotyków itp.) Jest to zatem forma anarchizmu, choć nie aktywizmu;

- Odrzucenie amerykańskiego snu, tej podwójnej iluzji polegającej na wierze, że gromadzenie dóbr materialnych koniecznie doprowadzi do szczęścia i że niezależnie od pochodzenia społecznego czy koloru skóry wszyscy możemy dostać się na szczyt piramidy społecznej;

- Otwarty umysł i bezgraniczna ciekawość;

- Kult marginalności i pewnego szaleństwa jako bezpośredniej odpowiedzi na kastrujący konformizm, a także pociąg do marginesu (zwłaszcza bezdomnych) i mniejszości;

- Niezachwiany optymizm, ciepły i hojny, który potrafi stawić czoła każdej przeciwności;

- Namiętny hedonizm (dobre jedzenie, picie, branie narkotyków, imprezy, taniec, śmiech, przyjemność seksualna, cieszenie się każdą chwilą, nawet graniczącą z ekscesem);

- Nieustanny eskapizm (poprzez nieustanne podróże, alkohol i narkotyki) od codzienności i zamrożonego spojrzenia, które narzuca "normalność".

- Takie wybory stylu życia nie są oczywiście bezpieczne. Pod koniec powieści Sal wydaje się zdezorientowany i zgorzkniały, Old Bull Lee tonie w swoim nałogu, a Dean, przedwcześnie postarzały, jest odrzucony przez wszystkich i skazany na życie w tułaczce i nędzy, ale bez energii i optymizmu młodości. Niektórzy pisarze Beat Generation (między innymi Kerouac i Ginsberg) sami doświadczyli tego rodzaju epilogu.

POETYKA PRZEPŁYWU, RUCHU I PRĘDKOŚCI

Podróż odbywana przez Sal i Deana, mimo że można ją podzielić na różne wyprawy i mimo że nie zawsze zmierzają w tym samym kierunku, sprawia wrażenie jednego strumienia zdarzeń, którego symbolem jest droga. Wyraźnie porównują też drogę do ludzkiego losu. Ponadto bohaterowie wielokrotnie przejeżdżają przez te same miejsca (konkretne Denver), jakby ich ruch był cykliczny.

Dean ma dosłownie obsesję na punkcie idei ruchu. W drodze, jak w życiu, nigdy nie chce się zatrzymać, a zamiast prędkości (charakterystycznej wartości współczesnego życia na Zachodzie) Dean szuka odpowiedniego tempa dla wydarzeń. Wyraz tego tempa znajduje w muzyce afroamerykańskich muzyków jazzowych i rozwija swoją teorię "IT". "IT" jest w pewnym sensie tym, czego szuka każdy muzyk, precyzyjnym i świętym momentem, w którym solista jest w stanie skrystalizować to, co najlepsze w sobie, w komunii z uważnie słuchającą publicznością i uświadamia sobie, że dzieje się coś nieokreślonego i magicznego. Kerouac interpretuje w ten sposób również termin "beatnik": "beat" staje się według Bernarda Nouisa "be at it", byciem "z", posiadaniem "tego".

To zainteresowanie ruchem przybiera w piśmie kilka form.

Wsparcie materialne

Pierwotnie "W drodze" miało formę ciągłej rolki papieru o długości 35 metrów, bez podziałów (rozdziałów czy części) i z minimalną interpunkcją. Autor twierdzi, że przepisał ją na maszynie w trzy tygodnie, w jednym przeciągu (Kerouac musiał więc przeredagować tekst kilka razy, zanim został opublikowany). Ideę ciągłego przepływu odnajdujemy więc w fizycznym medium dzieła.

Narracja

Narrator wprowadza czytelnika w strumień słów: refleksje, portrety, biografie, anegdoty i reportaże wciąż napływają, mieszają się i odnoszą do siebie jak ruchome myśli człowieka, jak jego skojarzenia idei.

Nie jest to stricte monolog wewnętrzny (ponieważ narrator włącza opowieści innych bohaterów, a także ponieważ dystansuje się od opowieści, antycypując pewne wydarzenia lub spoglądając na nie wstecz). Ale poszczególne sekwencje, przeładowane wydarzeniami, owocują serią zdań stosunkowo krótkich, zwykle zestawionych i nieskoordynowanych:

> *"Pospiesznie wróciliśmy do naszej górniczej chaty. Wszystko było w przygotowaniu do wielkiej imprezy. Dziewczyny, Babe i Betty, ugotowały przekąskę z fasoli i franków, a potem tańczyliśmy i zaczęliśmy na piwie na targi. Opera ponad, wielkie tłumy młodych dziewcząt przybyły do naszego mieszkania. Rawlins i Tim i ja oblizaliśmy wargi. Złapaliśmy je i tańczyliśmy. Nie było*

muzyki, tylko taniec. Lokal się zapełnił. Ludzie zaczęli przynosić butelki. Pospiesznie wyszliśmy, by uderzyć do barów i pospiesznie wróciliśmy. Noc stawała się coraz bardziej szalona. Chciałam, żeby Dean i Carlo tam byli – ale zdałam sobie sprawę, że byliby nie na miejscu i nieszczęśliwi. Byli jak ten człowiek z kamieniem z lochu i mrokiem, wyrastający z podziemia, nik-czemni hipsterzy Ameryki, nowe pokolenie beatowe, do którego powoli dołączałem" (część 1, rozdział 9).

Sposób wyrażania się Deana (czasem w mowie bezpośredniej) jest również znaczący i akcentuje opisane wyżej wrażenie szybkości i ruchu myśli:

"'Dlaczego, Sa-a-al!' powiedział Dean. 'Cóż teraz-ah-ahem-tak, oczywiście, dotarłeś- ty stary sonumbitch w końcu dostałeś się na tę starą drogę. Cóż, teraz, spójrz tutaj – musimy – tak, tak, natychmiast – musimy, naprawdę musimy! Teraz Camille-' i zawirował na niej. 'Sal jest tutaj, to jest mój stary kumpel z Nowego Yor-r-k, to jego pierwsza noc w Denver i jest absolutnie konieczne, abym go zabrał i załatwił mu dziewczynę'" (część 1, rozdział 7).

Elipsy

Do stworzenia tego wrażenia szybkości służą inne zdarzenia formalne, takie jak elipsy (przeskoki czasowe).

Wydaje się, że wokół pojęć przepływu, ruchu i prędkości Kerouac chciał wyrazić, w najbardziej odpowiedni i trafny sposób, szczęśliwy i intensywny okres swojego życia.

DALSZA REFLEKSJA

KILKA PYTAŃ DO PRZEMYŚLENIA...

- Niektóre postaci w powieści to "postacie à clef". Wyjaśnij, co to znaczy.

- W jaki sposób kobiety są reprezentowane w powieści? Czy zgadzasz się z tą perspektywą?

- Czym charakteryzuje się Beat Generation? W jaki sposób bohaterowie powieści są reprezentatywni dla tego pokolenia?

- Poprzez swoją twórczość, co krytykuje Kerouac?

- Czy Twoim zdaniem Kerouac jest rewolucjonistą? Czy dąży do poprawy społeczeństwa? Uzasadnij swoją odpowiedź.

- Czy bohaterowie powieści mają cel w swoim życiu? Czego szukają w życiu?

- Co symbolizuje droga?

- Waszym zdaniem, dlaczego autor najpierw opublikował swoje dzieło w formie 35-metrowej rolki papieru?

- Jak wytłumaczyć zainteresowanie Kerouaca ruchem i szybkością?

DALSZE CZYTANIE

WYDANIE REFERENCYJNE

Kerouac, J. (2003) *On the Road*. New York: Penguin Books.

ADAPTACJE

W drodze. (2002) [Film]. Walter Salles. Dir.

W drodze. (2005) [dramat radiowy]. Christine Bernard-Sugy. Dir.

Chcemy usłyszeć od Ciebie, co się dzieje!
Zostaw komentarz na temat swojej internetowej biblioteki
i podziel się swoimi ulubionymi książkami w mediach społecznościowych!

Wydawca zapewnia o wiarygodności publikowanych informacji,
co jednak nie może wiązać się z jego odpowiedzialnością.

www.50minutes.com

Master ISBN: 9782808695077
Papierowy ISBN: 9782808616478
Depozyt prawny: D/2023/12603/1927

Verhaal: © Primento

Projekt cyfrowy: Primento, cyfrowy partner wydawców.